UN ÁRBOL
ES HERMOSO

Por
JANICE MAY UDRY

Ilustrado por
MARC SIMONT

Traducido por María A. Fiol

Una rama de HarperCollins*Publishers*

Rayo es una rama de HarperCollins Publishers.

Un árbol es hermoso   Texto: © 1956, 1984 por Janice Udry   Ilustraciones: © 1956, 1984 por Marc Simont   Traducido por María A. Fiol   Traducción: © 1995 por HarperCollins Publishers   Elaborado en China. Todos los derechos reservados.
Para recibir información, diríjase a: HarperCollins Children's Books, a division of HarperCollins Publishers, 1350 Avenue of the Americas, New York, NY 10019.   www.harperchildrens.com   Library of Congress ha catalogado la edición en inglés.   ISBN-10: 0-06-088708-7 — ISBN-13: 978-0-06-088708-7   ❖   La primera edición de este libro fue publicada por HarperCollins Publishers en 1995.

Los árboles son hermosos.
A veces llenan el cielo.

Crecen junto a los ríos, en los valles
y en las laderas de las montañas.

Muchos árboles juntos forman un bosque
y embellecen la naturaleza.

Un solo árbol también es hermoso. Un árbol tiene bellas hojas verdes que susurran con la brisa durante el verano.

En el otoño, las hojas se caen y jugamos con ellas.
Caminamos sobre ellas y nos revolcamos también.

Las apilamos como si fueran casas. A veces, las
barremos con un rastrillo y hacemos una fogata.

Un árbol es hermoso porque tiene un tronco y
ramas. Sentados en una rama podemos pensar o
jugar a los piratas. Desde lo alto de un árbol
alcanzamos a ver muy lejos.

Podemos subirnos a un manzano
para comer su rica fruta.

Los gatos se escapan de los perros
subiéndose a los árboles.
Los pájaros hacen sus nidos en ellos.
Las ramitas se caen de los árboles.
Con ellas podemos hacer dibujos en la arena.

De un árbol podemos colgar un columpio o una
canasta de flores. También podemos reclinar el
azadón en él mientras descansamos.

Un árbol es hermoso porque nos da sombra.

Las vacas descansan bajo la sombra de sus ramas
cuando hace mucho calor.

Cuando vamos al campo, comemos bajo la
sombra de un árbol mientras el bebé duerme
en su cochecito.

Es hermoso tener un árbol cerca de la casa.
No sólo le da sombra, sino que la mantiene fresca.

En invierno el árbol también la protege del viento.

Es hermoso sembrar un árbol.

Cavas un hueco grande en la tierra y lo colocas en él.

Le echas agua, lo cubres con tierra y cuando terminas,

guardas la pala en el garaje.

Todos los días, a través de los años, lo ves crecer
y dices con orgullo:
"Yo sembré ese árbol".

Los demás también querrán tener un árbol
e irán a sus casas a sembrarlo como tú.